Mirjam Müntefering
Der Dieb auf dem Balkon

AF203857

Mirjam Müntefering

Der Dieb
auf dem Balkon

Mit Bildern von Renate Emme

Hase und Igel®

Für Lehrkräfte gibt es zu diesem Buch
ausführliches Begleitmaterial beim Hase und Igel Verlag.

© 2016 Hase und Igel Verlag GmbH, München
www.hase-und-igel.de
Lektorat: Patrik Eis, Sandra Hummel-Kuhn
Satz: Appel Grafik München GmbH
Druck: Grafisches Centrum Cuno GmbH & Co. KG

ISBN 978-3-86760-199-3
2. Auflage 2024

Dinge verschwinden

„Mama, wo ist denn mein Fan-Tuch?", will Leon von seiner Mutter wissen.

Gerade kommt er vom Balkon ihrer neuen Wohnung. Da hat er sein heiß geliebtes Tuch vom besten Fußballverein der Welt, der heimischen Eintracht, zum Lüften aufgehängt. Waschen darf Mama das Tuch auf keinen Fall, denn Leons Lieblingsspieler Tom Tuschner hat darauf unterschrieben.

Jetzt guckt Mama selbst auf den Balkon. „Vielleicht hat der Wind es vom Wäscheständer geweht?"

„Mama! Ich hab es natürlich mit einer Wäscheklammer festgemacht!", stöhnt Leon.

Mama bückt sich und hebt etwas auf. „Mit dieser hier?"

Oje! Das ist tatsächlich die rote Wäscheklammer, die Leon für sein Tuch benutzt hat. Mama streicht ihm über den Kopf. „Willst du

5

mit zum Einkaufen kommen und wir besorgen dir ein neues?"

„Ohne Unterschrift von Tom Tuschner? Nein, ich seh lieber unten auf der Straße nach, ob ich es irgendwo finden kann", beschließt Leon und saust schon die Treppe hinunter.

Er läuft die Sackgasse, in der sie nun wohnen, rauf und runter. Aber sein gelbgrünes Fan-Tuch ist nirgends zu sehen.

Plötzlich steht ein Mädchen mit schwarzen Haaren und einem breiten Lächeln vor ihm: „Du bist neu hier, oder? Ich bin Aysha Gundlach. Papa und ich wohnen da drüben." Aysha zeigt zu dem Haus schräg gegenüber.

„Ich bin Leon", sagt Leon.

„Suchst du irgendwas?", will Aysha wissen.

Leon erzählt ihr von dem verschwundenen Fan-Tuch.

„Au Mann, Leon, ich glaub, jemand hat dein Tuch geklaut!", entfährt es Aysha.

„Aber wir wohnen doch im dritten Stock unter dem Dach", antwortet Leon. „Wer soll denn da raufkommen?"

„Das lässt sich rausfinden", meint Aysha. „Hast du noch etwas anderes Wertvolles, mit dem wir dem Dieb eine Falle stellen können?"

Leon überlegt. „Ein paar Original-Autogrammkarten hab ich noch."

„Wir könnten eine davon auf euren Balkon legen und uns auf die Lauer legen!", schlägt Aysha vor.

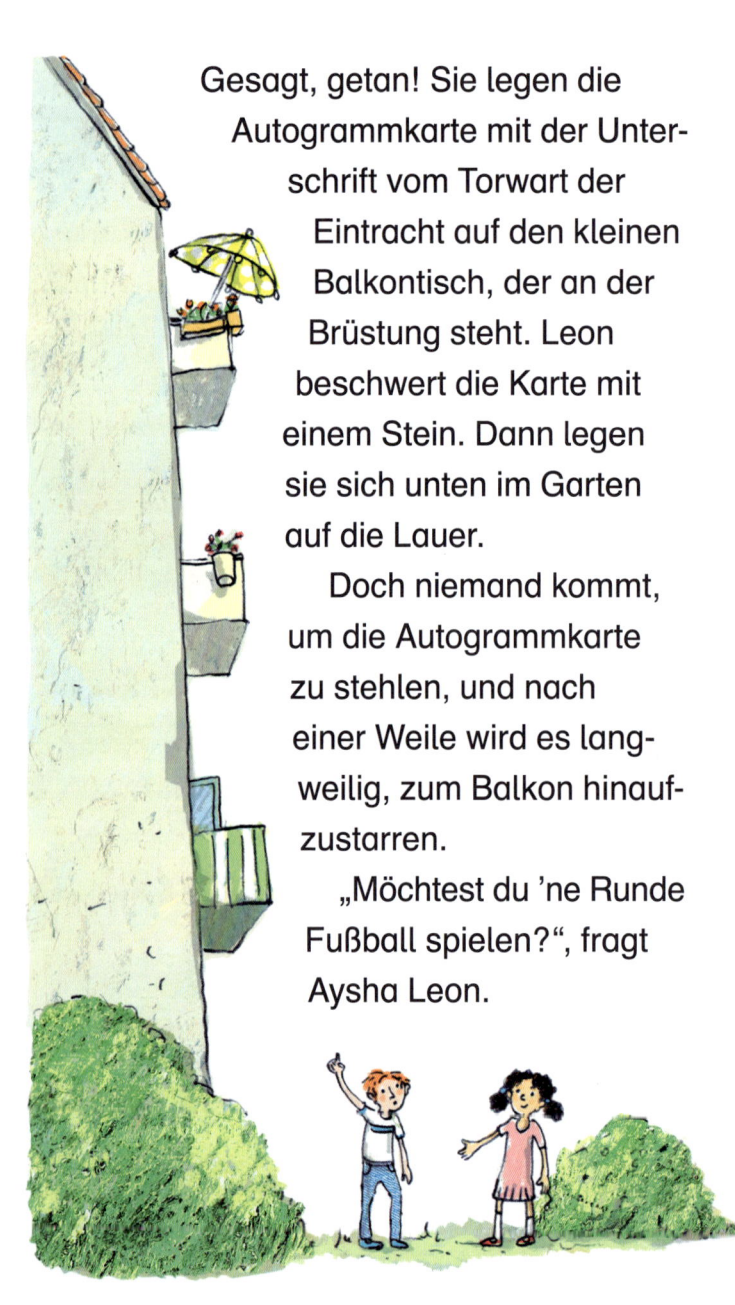

Gesagt, getan! Sie legen die Autogrammkarte mit der Unterschrift vom Torwart der Eintracht auf den kleinen Balkontisch, der an der Brüstung steht. Leon beschwert die Karte mit einem Stein. Dann legen sie sich unten im Garten auf die Lauer.

Doch niemand kommt, um die Autogrammkarte zu stehlen, und nach einer Weile wird es langweilig, zum Balkon hinaufzustarren.

„Möchtest du 'ne Runde Fußball spielen?", fragt Aysha Leon.

Leon starrt sie an. „Du kannst Fußball spielen?"

„Na klar! Wieso denn nicht?"

Leon sagt nichts mehr. In der Hochhaussiedlung vor der Stadt, wo Mama und er bis vor Kurzem gewohnt haben, hat er nachmittags immer jede Menge Jungs getroffen, mit denen er bolzen konnte. Ein Mädchen ist nicht dabei gewesen. Er flitzt rauf in die Wohnung und holt seinen Fußball. Sie finden zwei Bäume, die etwa drei Meter voneinander entfernt sind, und machen Torschusstraining. Aysha ist beim Halten und Schießen ziemlich gut. Weil sie so viel Spaß haben, ist bald vergessen, dass sie dem Dieb eine Falle gestellt haben.

Der Dieb wird überführt

Die Diebesfalle fällt Leon erst wieder ein, als er am nächsten Morgen aufwacht. Er springt aus dem Bett und rennt auf den Balkon. Erleichtert atmet er auf. Die Autogrammkarte ist noch da! Doch Mama, die gerade Frühstück machen will, wedelt mit einer Socke herum.

„Ich hatte beide nach dem Waschen auf den Wäscheständer gehängt", sagt sie. „Heute Morgen war aber nur noch eine da. Die Wäscheklammer von der anderen lag auf dem Boden, wie bei deinem Tuch."

Kurz nach dem Frühstück läutet es an der Tür. Es ist Aysha.

„War der Dieb wieder auf dem Balkon?", will sie sofort wissen.

„Sieht so aus. Aber er scheint einen seltsamen Geschmack zu haben. Er hat nämlich die Autogrammkarte liegen lassen, aber eine von Mamas Socken geklaut."

Leon schaut noch mal auf die Karte. Da stutzt er. „Komisch", sagt er. „Hier sind ja Kratzspuren drauf."

„Zeig mal." Aysha nimmt die Karte und betrachtet sie genau.

Plötzlich ist sie ganz aufgeregt. „Ich glaub, ich weiß, von wem die stammen!", sagt sie. „Seit ein paar Wochen beobachte ich nämlich von meinem Zimmerfenster aus ein Eichhörnchen, das in den Bäumen rumturnt."

„Ein Eichhörnchen?", staunt Leon. „Hier? Zwischen all den Häusern und Autos?"

„Komm mit, wir fragen Papa. Der ist Biolehrer und weiß solche Sachen", sagt Aysha.

Ayshas Papa, Herr Gundlach, sitzt gerade in seinem Arbeitszimmer vor einem Stapel Schulhefte, als sie hereinstürmen. Er hört sich an, was Aysha und Leon ihm über

das verschwundene Tuch und die Diebesfalle erzählen.

Dann betrachtet er Leons Autogrammkarte.
„Ja, das sieht sehr nach Eichhörnchen-
spuren aus. Sie haben lange Krallen und
können sehr gut greifen. Und an einer rau

verputzten Hauswand können sie problem-
los raufklettern. Es könnte also durchaus
sein, dass dein Tuch, Leon, von dem Eichhörnchen gestohlen wurde. Die kleinen

Nagetiere polstern damit ihre Nester aus, wenn sie Junge erwarten. Die Nester nennt man Kobel."

„Heißt das etwa, dass mein Fan-Tuch mit der Unterschrift von Tom Tuschner, dem Superstar meines Lieblingsvereins, irgendwo in einem Eichhörnchennest liegt und kleine Eichhörnchenbabys da drauf schlafen?"

Aysha muss über Leons entsetztes Gesicht kichern.

„Ja, so in etwa könnte das sein", sagt Herr Gundlach.

Leon weiß nicht recht, was er von dieser Neuigkeit halten soll. Natürlich ist es spannend, dass ein Eichhörnchen auf ihren Balkon klettert. Aber musste es denn ausgerechnet sein tolles Fan-Tuch klauen?

Das Eichhörnchennest im Baum

Ein paar Tage später kommen Leon und Aysha von der Schule nach Hause. Sie biegen gerade in ihre Straße ein, als Aysha wie angewurzelt stehen bleibt.

Leon will schon fragen, was los ist, da sieht er es selbst: Am Ende der Straße huscht etwas kleines Rotbraunes von links nach rechts.

„Pssst!" Aysha legt einen Finger auf die Lippen. Gemeinsam schleichen sie im Schutz der Hecken weiter.

Tatsächlich! Da flitzt ein Eichhörnchen mit leuchtend rotbraunem Fell zwischen zwei Futter- häusern für Vögel hin und her.

Es stopft sich die Backen voll mit den Sonnenblumenkernen, die dort ausgelegt sind.

„Ob das unser Eichhörnchen ist?",
flüstert Leon Aysha zu.

„Es ist auf jeden Fall das, das ich schon
öfter beobachtet habe. Es hat eine weiße
Schwanzspitze, siehst du?", wispert Aysha.

Leon schaut genau hin. Richtig: Das Eich-
hörnchen hat nicht nur einen schneeweißen
Bauch. Auch das Ende des buschigen
Schwanzes ist hell.

Es sieht niedlich aus, wie es hin und her
hüpft und dabei immer wieder Kerne knackt
und kaut. Von so nah hat Leon noch nie
eines gesehen. Plötzlich kann er Aysha ver-
stehen, die so gern Tiere beobachtet.

Doch auf einmal horcht das Eichhörnchen
auf und ist mit ein paar Sprüngen auf einem
nahen Baum verschwunden. Die Tür des
Hauses öffnet sich und ein alter Mann mit
einer Einkaufstasche kommt heraus. Als er
zu seiner Garage hinübergeht, bemerkt er
Leon und Aysha, die immer noch hinter der
Hecke kauern.

„Nanu?! Was macht ihr zwei denn hier? Aysha, du hast doch keinen Unsinn im Kopf?", fragt er und zwinkert ihnen zu.

„Hallo, Herr Sommer!", begrüßt Aysha ihn.

Leon richtet sich auch schnell auf. Schließlich will er nicht, dass einer seiner neuen Nachbarn denkt, er habe „Unsinn im Kopf".

„Wir haben uns nur versteckt, weil wir unser Eichhörnchen beobachtet haben", erklärt er schnell.

„Ah ja." Herr Sommer nickt. „Das Hörnchen frisst gerne die Sonnenblumenkerne und Erdnüsse, die ich eigentlich für die Vögel rauslege."

Leon wundert sich. Und ehe er darüber nachdenken kann, ob es wohl unhöflich ist, fragt er schon: „Sie füttern die Vögel, obwohl kein Schnee liegt?"

Herr Sommer lächelt ihn an. Offenbar freut er sich über Leons Interesse. „Ja, das tue ich. Inzwischen wird von den Naturschutzverbänden empfohlen, die Vögel das ganze Jahr über zu füttern. Viele von ihnen finden sonst in unserer verbauten Natur nicht mehr genügend Nahrung, wisst ihr?"

„Und dann stiehlt das Eichhörnchen das ganze Futter!", ruft Aysha. „Sind Sie da denn nicht sauer?"

Leon denkt an sein heiß geliebtes Fan-Tuch und dass er anfangs ganz schön verärgert war.

„Aber nein", lacht Herr Sommer da. „So ein Eichhörnchen will doch auch leben, nicht wahr? Und es ist mir lieber, wenn es an meine Futterhäuser kommt, als wenn es vielleicht Vogelnester ausräubert."

Leon tauscht mit Aysha einen etwas erschrockenen Blick.

„Davon habt ihr wohl noch nicht gehört?", fragt Herr Sommer. „Ja, man ist sich zwar nicht ganz sicher, aber es heißt, sie klauen auch mal ein Ei aus einem Vogelnest. Aber selbst wenn es so sein sollte, sind sie ja nicht böse, nicht wahr? Schließlich müssen sie auch ihre Jungen aufziehen."

„Also hat unser Eichhörnchen wirklich Babys?", fragt Leon. Dieser Herr Sommer scheint jede Menge über Eichhörnchen und Vögel zu wissen.

„Ich glaube schon. Eines seiner Nester ist da oben, gegenüber von meinem Garagendach. Seht ihr?"

„Aber das ist ja ein Starenkasten!", wundert Leon sich. Im Herbst haben sie im Werkunterricht so einen Vogelnistkasten gebaut. Sein Lehrer hat ihnen aber nicht gesagt, dass darin auch Eichhörnchen leben können.

„Wenn ihr wollt, könnt ihr euren Beobachtungsposten vor meiner Garage einrichten. Vielleicht seht ihr es ja, wenn es rein- und rausschlüpft", schlägt Herr Sommer vor. „Viel Erfolg!" Dann schwenkt er seine Einkaufstasche und fährt mit seinem klapprigen Auto davon.

Als ob es ihnen zugehört hätte, kommt plötzlich das Eichhörnchen angesprungen und klettert den Baumstamm hinauf. Es steckt den Kopf durch das Loch im Nistkasten und – schwupp – ist es darin verschwunden.

Ein schwerer Schlag

In den nächsten Wochen beziehen Leon und Aysha regelmäßig ihren Beobachtungsposten neben Herrn Sommers Garage.

Das Eichhörnchen zeigt sich immer wieder am Nistkasten. Manchmal springt es auch in den Nachbarbäumen herum oder bedient sich an den Futterhäusern. Herr Gundlach hat Leon und Aysha für ihre Beobachtungen sein großes Fernglas geliehen. So können sie dem niedlichen Tier ganz genau zusehen: wie es klettert, frisst oder sein Fell putzt.

Leon findet mittlerweile, dass Eichhörnchenbeobachtung genauso viel Spaß macht wie Fußballspielen.

Doch eines Tages passiert etwas Furchtbares.

Leon und Aysha gehen von der Schule nach Hause. Sie laufen an der Hauptstraße entlang. Dort herrscht ziemlich viel Verkehr.

Mama hat Leon eingeschärft, immer ganz rechts auf dem Bürgersteig zu gehen und die Straße nur an der Ampel zu überqueren. Dort müssen sie dann nur noch in die viel ruhigere Seitenstraße einbiegen, in der sie wohnen.

Während sie gerade auf Grün warten, sieht Leon auf der anderen Straßenseite etwas Rotbraunes im Rinnstein liegen.

„Oh nein!", entfährt es ihm. Sein Magen krampft sich zusammen. Und obwohl er es nur von Weitem sehen kann, weiß er doch, was dort liegt.

Aysha sagt gar nichts. Als die Ampel auf Grün springt, gehen beide langsam hinüber.

Sie stehen einfach da und starren auf das, was da vor ihnen auf der Straße liegt. Es ist ein Eichhörnchen mit rotem Fell und weißem Bauch. Es sieht beinahe unverletzt aus, aber aus der kleinen Schnauze sickert ein bisschen Blut.

Leon schielt zu Aysha und sieht, dass ihr Tränen übers Gesicht laufen.

„Warum ausgerechnet unser Eichhörnchen?", flüstert sie. „Weil ich keinen Hund haben darf, war es ein bisschen so, als hätte ich doch ein Tier …"

„Vielleicht ist es ja irgendein anderes Eichhörnchen?", versucht Leon sie zu trösten.

Doch Aysha schüttelt schniefend den Kopf. „Nein, ich erkenne es genau an der kleinen weißen Spitze am Schwanz. Und ich habe nicht einmal etwas dabei, womit wir es aufheben können. Papa sagt immer, man soll tote Tiere nicht mit der bloßen Hand anfassen."

Leon nimmt seine Sporttasche von der Schulter und öffnet sie. Gut, dass sie heute Turnen hatten, denn so hat er ein Handtuch dabei. Aysha nimmt das Handtuch und wickelt das tote Eichhörnchen darin ein.

Dabei ist sie so vorsichtig, als könnte sie ihm noch wehtun.

Leon spürt ein Kratzen im Hals. „Komm, wir werden es ordentlich beerdigen", sagt er. Gemeinsam gehen sie die Straße entlang, in der ihr Eichhörnchen bis vor Kurzem zu Hause war.

Rettungsaktion für zwei

Da Leon und Mama genau wie Aysha und ihr Papa in einer Etagenwohnung leben, haben sie keinen Garten. Aber Herr Sommer hat nichts dagegen, dass sie ihr Eichhörnchen am Nachmittag in seinem Vorgarten unter dem großen Haselnussstrauch beerdigen. Er hilft ihnen sogar, mit dem Spaten das kleine Grab auszuheben.

Es ist eine sehr traurige Angelegenheit und Leon muss sich mächtig zusammenreißen, um nicht wie Aysha zu weinen.

Als sie das kleine Grab mit einem Erdhügel versehen und ein paar Gänseblümchen daraufgelegt haben, muss Herr Sommer leider wieder los. Aber bevor er geht, schenkt er ihnen beiden ein Wassereis.

Leon und Aysha sitzen mit dem Eis in der Hand nebeneinander auf den Stufen vor Ayshas Haus. Da fällt Leon plötzlich etwas ein: „Was ist, wenn unser Eichhörnchen wirklich Junge hatte? Dein Vater hat doch gesagt, dass so ein Eichhörnchen viele verschiedene Nester haben kann, und wir kennen nur das eine …" Er hält inne.

Aysha starrt ihn an. „Stimmt!", sprudelt es dann aus ihr heraus. „Du hast recht! Wir müssen ihnen unbedingt helfen! Sicher sind sie noch so klein, dass sie ohne ihre Mama nicht überleben können."

Schnell essen sie ihr Eis auf. Wie auf Kommando laufen dann beide zu dem Baum hinüber, der neben Herrn Sommers Garage steht. Der Nistkasten hängt dort oben wie immer.

„Wie sollen wir da raufkommen?", fragt Leon. Ihm ist ein bisschen mulmig zumute. „Wir haben keine Leiter und Herr Sommer ist nicht da."

„Kein Problem. Wir brauchen nur ein bisschen Ausrüstung", sagt Aysha und ist schon verschwunden.

Es dauert nicht lange, dann ist sie wieder da. In der Hand hält sie einen Rucksack, aus dem sie ein dickes Seil hervorzieht. „Ich war mal in der Kletterhalle und hab gelernt, wie man sich selbst sichern kann", sagt sie. Dann schaut sie Leon genauer an. „Was ist denn?"

Leon spürt, dass er rot wird. „Ach, es ist nur … mir wird so schnell schwindelig, wenn ich irgendwo rauf muss."

Doch da zeigt Aysha, dass sie wirklich eine Freundin ist. Sie lächelt ihn an und sagt: „Macht doch nix. Papa wird es schon schwindelig, wenn er auf einen dicken Teppich tritt. Ich glaub, das hat was mit dem Inneren vom Ohr zu tun. Da kann man nix dafür. Und beim Fußball ist es ja auch viel wichtiger, dass man schnell rennen kann, oder?"

Leon nickt. Da hat sie recht. Und schnell rennen, ja, das kann er.

„Okay, dann bleib du doch unten und nimm den Rucksack entgegen", schlägt Aysha vor.

Leon bietet ihr eine Räuberleiter an. Geschickt hangelt sie sich den ersten Ast hinauf und klettert zwischen den Ästen weiter, bis sie am Nistkasten angekommen ist. Sie ist wirklich das mutigste Mädchen, das Leon kennt.

Aysha setzt sich auf einen Ast, der ihr ausreichend Halt bietet. Sie schlingt das Seil erst um den Baumstamm und anschließend um ihren Bauch. Dann knotet sie es fest. Von unten sieht das alles sehr gekonnt aus.

Wahnsinn!

Erst als sie kontrolliert hat, dass sie auch wirklich nicht runterfallen kann, löst Aysha beide Hände vom Ast und öffnet den Nist-kasten am Stamm.

„Au Mann, hier sind wirklich Babys drin", flüstert Aysha. Leon kann durch die Zweige ihr Gesicht erkennen, in dem die dunklen Augen riesig groß wirken. „Zwei Stück! Sie leben noch. Aber sie sehen ziemlich hilflos aus."

„Kannst du sie in den Rucksack legen?", wispert Leon aufgeregt. Auf keinen Fall sollen die Eichhörnchenbabys wegen seiner Stimme erschrecken.

Aysha nimmt den Beutel von ihrem Rücken und ein zweites, dünneres Seil heraus. Dann greift sie zweimal vorsichtig in den Nistkasten. Anschließend bindet sie das dünne Seil an den Tragehaken und lässt den Rucksack langsam hinunter zu Leon. Der nimmt ihn behutsam entgegen und löst den Knoten des Seils.

In Windeseile ist Aysha den Baum hinuntergeklettert und steht kurz danach wieder neben ihm. Sie öffnen den Beutel und da liegen sie: zwei winzige Eichhörnchen mit rot glänzendem Fell und weißem Bauch. Und eines hat …

„Oh! Schau mal, das eine hat eine weiße Schwanzspitze!", haucht Aysha und sieht Leon mit großen Augen an. „Was sollen wir jetzt mit ihnen machen?"

„Komm mit. Ich hab noch den alten Käfig von den Rennmäusen. Da legen wir sie erst mal rein. Ich glaub, Mama müsste inzwischen auch aus dem Büro nach Hause gekommen sein", sagt Leon.

„Ach, übrigens …", murmelt Aysha noch und zieht etwas aus ihrer Hosentasche.

Leon traut seinen Augen kaum. „Mein Fan-Tuch!" Das gelb-grüne Muster ist deutlich zu erkennen, aber ansonsten sieht es ziemlich ramponiert aus. Und stinken tut es auch. Leon muss schlucken. Doch dann schüttelt er den Kopf. „Das ist jetzt egal! Wir müssen den beiden Kleinen helfen. Komm schnell!"

Erste Hilfe für Eichhörnchenbabys

Mama ist tatsächlich schon zu Hause und macht große Augen, als Leon und Aysha mit ihren winzigen Schützlingen in die Wohnung kommen.

Der Rennmauskäfig ist schnell aus dem Keller geholt und mit Zeitungen und ein paar alten Handtüchern hergerichtet. Aysha legt die beiden Babys in die Tücher. Sie wimmern beide und klammern sich aneinander.

„Sie fühlen sich so kalt an", sagt Aysha leise.

Sie starren alle drei auf die kleinen Tiere.

„Ich hab keine Ahnung, was man mit kleinen Eichhörnchen macht", sagt Mama ratlos. „Sie brauchen doch bestimmt Milch oder so etwas!"

Aysha schlägt sich mit der Hand an die Stirn. „Papa! Der weiß doch bestimmt, was wir tun müssen. Sekunde!"

Schon ist sie aus der Wohnung geflitzt. Kurz darauf ist sie wieder zur Stelle, mit Herrn Gundlach an der Hand.

Mama und Herr Gundlach begrüßen sich freundlich. Da Leon und Aysha inzwischen dicke Freunde sind, haben sie sich natürlich auch schon kennengelernt. Dann schaut Ayshas Vater sich die Eichhörnchen an. „Die sind noch recht klein. Aber sie haben schon Fell und ihre Augen sind offen. Vielleicht haben sie auch ohne ihre Mutter eine Chance. Ich kenne jemanden, die verwaiste Eich- hörnchen aufzieht. Jule wohnt nur ein paar Straßen entfernt. Ich rufe sie gleich mal an."

Er holt sein Handy raus. Doch leider geht bei Jule die Mailbox dran und Herr Gundlach kann nur eine Nachricht hinterlassen.

Inzwischen werden die jungen Hörnchen immer unruhiger. Sie krabbeln herum und wimmern. Als das eine beginnt, am Fell des anderen zu saugen, ist klar, dass sie Hunger haben.

„Das kann man ja nicht mitansehen", sagt Mama und wendet sich dem Computer zu, der in der Flurnische steht. Rasch tippt sie etwas ein.

„Ah, schaut mal! Diese Seite kann uns bestimmt weiterhelfen: eichhoernchen-schutz.de. Hier steht jede Menge darüber, was die Kleinen brauchen." Mama überfliegt die Informationen und ihre Miene wird immer ernster. „Hm … offenbar können Eichhörnchenbabys sehr schnell verdursten, wenn sie nicht bei ihrer Mutter trinken können.

Man kann ihnen gesüßtes Wasser geben,
wenn man Spritzenkanülen hat."

Wieder saust Aysha los und ist genauso
schnell wieder zurück. Unter dem Arm trägt

sie einen Arztkoffer zum Spielen. Aber als sie ihn aufklappt, sind darin auch echte Spritzen – natürlich ohne Nadeln. Nadeln brauchen sie aber auch nicht.

„Wir können Wasser mit Honig oder Traubenzucker probieren", sagt Mama und holt aus der Küche zwei kleine Gläser mit Wasser. In das eine rührt sie zwei Löffel Honig und in das andere bröselt sie zwei Traubenzuckertabletten, die Leon gern nach dem Fußballspielen lutscht.

Dann zieht Mama jeweils eine Spritze mit der Flüssigkeit auf. Doch als Aysha und Leon den beiden Kleinen das vor die Nase halten, drehen die ihre Köpfchen weg.

„Oje! Sie wollen nicht!", jammert Aysha. „Kommt schon, ihr Süßen, ihr wollt doch nicht verdursten, oder?"

„Moment mal!", sagt Herr Gundlach, der den Text auf Mamas Computerbildschirm studiert. „Hier steht, dass die Jungen nicht trinken, wenn ihnen zu kalt ist."

Leon fällt ein, dass Aysha gerade noch gesagt hat, dass die Kleinen sich kalt anfühlen.

Ohne zu zögern, greift er nach dem kleinen Hörnchen mit der weißen Schwanzspitze. Von seinen Rennmäusen weiß er, dass man nicht zu fest zugreifen darf, sondern den kleinen Körper ganz vorsichtig halten muss.

Tatsächlich ist das kleine Eichhörnchen sehr kühl. Leon nimmt es in beide Hände und hält es sich an den Bauch. Das Tierchen rührt sich zuerst nicht. Doch dann kuschelt es sich in seine Hände und an sein T-Shirt.

Aysha tut es ihm mit dem zweiten Hörnchen gleich.

Es dauert nicht lange, da wird das kleine Tier in Leons Hand deutlich wärmer. Es beginnt sich zu regen und ein bisschen zu zappeln.

„Gib mir doch mal die Spritze, Mama", bittet Leon. Er hält mit der einen Hand sorg-

sam das kleine Wesen, mit der anderen führt
er die Spritzenkanüle an sein Schnäuzchen.

Und plötzlich, es ist wie ein kleines
Wunder, beginnt das Mini-Eichhörnchen zu
trinken. Es legt beide Vorderpfoten um die
Kanüle und saugt gierig an
der Spritze. Es schluckt und
schluckt und kann offenbar
gar nicht genug bekommen.

Sein Geschwisterchen
in Ayshas Hand hat
genau so einen
Appetit. Die beiden
Hörnchen trinken zwei
ganze Spritzen leer. Und dann schlafen sie
einfach ein.

Die erste Gefahr ist gebannt!

Jule von der Eichhörnchenrettung

Damit Aysha und Leon die kleinen Tiere nicht die ganze Zeit in den Händen halten müssen, macht seine Mama eine Wärmflasche, die sie eng in ein Handtuch einwickelt. Auf die lauwarme Flasche bettet sie die Eichhörnchenjungen, die sich sofort eng aneinanderschmiegen.

Dann klingelt Herrn Gundlachs Handy. Es ist Jule, die sich mit Eichhörnchen so gut auskennt. Sie verspricht, sofort vorbeizukommen.

Als sie kurze Zeit später vor der Tür steht, kann Leon sie gleich gut leiden. Sie hat superlange Haare, die sie zu zwei Zöpfen gebunden hat, und als sie die Eichhörnchenbabys sieht, wird ihr Blick ganz weich.

„Das habt ihr wirklich toll gemacht!", lobt Jule sie. „Ihr habt den beiden kleinen Eichhörnchen das Leben gerettet."

Aysha freut sich und wird sogar ein bisschen rot.

Leon sagt: „Wir mussten uns einfach um sie kümmern. Wo ihre Mutter doch überfahren worden ist."

Jule guckt traurig. „Das passiert leider oft. Wildtiere, die in den Städten leben, werden immer wieder Opfer von Autounfällen. Die meisten Menschen rechnen einfach nicht damit, dass ihnen in einer Siedlung wie hier ein Eichhörnchen oder ein Marder oder gar ein Fuchs vors Auto springt. Dabei leben inzwischen richtig viele Tiere in der Stadt."

Jetzt staunt sogar Mama. „Warum denn eigentlich?"

„Weil wir Menschen immer mehr Platz für uns haben wollen", antwortet Jule. „Nicht nur für unsere Städte, sondern auch für die Landwirtschaft. Da müssen die Tiere sich was einfallen lassen."

„Ganz schön schlau", findet Leon.

Aysha zupft ihren Vater am Ärmel. „Können wir die Babys nicht selbst aufziehen, Papa?"

Aber bevor er ihr antworten kann, sagt Jule: „Ein Eichhörnchenbaby aufzuziehen ist nicht einfach. Man braucht dafür sehr viel Zeit. Die Kleinen müssen alle paar Stunden gefüttert werden – auch in der Nacht. Und man muss ihnen die Bäuche massieren, damit sie Urin und Kot absetzen können."

„Igitt", rutscht es Aysha heraus und Leon muss kichern.

„So ist eben die Natur", sagt Jule. „Die Massage übernimmt normalerweise die Eichhörnchenmutter mit ihrer Zunge." Sie wendet sich an Leons Mama: „Haben Sie zufällig ein paar Wattepads für mich?"

Mama nickt und verschwindet im Bad. Als sie mit den Pads zurückkommt, nimmt Jule eines der Kleinen hoch. Es fiept ein biss-chen. Sie hält es ganz behutsam in der Hand und legt es auf den Rücken. Dann streicht sie mit dem Wattepad vorsichtig über den klitzekleinen Bauch, bis die Watte sich irgendwann gelblich färbt.

„Seht ihr, ist gar nicht eklig", sagt Jule.

Aysha verzieht trotzdem das Gesicht.

„Und du wolltest die Babys selbst aufziehen", neckt ihr Vater sie.

Da reißt sie sich sofort zusammen.

Leon ist klar geworden, wie viel man über
Tierbabys wissen muss, um sie richtig ver-
sorgen zu können. Trotzdem findet er es
sehr schade, dass sie nun wohl Abschied
nehmen müssen.

Jule sieht ihn und Aysha nachdenklich an.
„Wenn ihr etwas über die Eichhörnchen-

aufzucht lernen möchtet, habe ich einen Vorschlag", sagt sie dann. „Wie wäre es, wenn ihr zwei die Patenschaft für diese beiden Babys übernehmt? Ihr könntet nach der Schule zu mir kommen und sie füttern und mithelfen, den Käfig zu säubern, solange sie noch im Haus sind. Würde euch das gefallen?"

Aysha strahlt.

Leon findet die Idee auch toll. Niemand in seiner Klasse war bisher Patenonkel für ein Eichhörnchen.

„Darf ich, Mama?", bettelt er.

„Wenn die Hausaufgaben nicht darunter leiden", antwortet sie lächelnd.

Und so ist es abgemacht.

Ein Kindergarten für Ecki und Felix

Jeden Tag nach dem Mittagessen beeilen sich Leon und Aysha nun besonders, ihre Schulaufgaben zu erledigen.

Sie wollen schnell bei Jule sein. Bei ihrem ersten Besuch staunen sie sehr, denn es gibt dort eine richtige Pflegestation für verwaiste Eichhörnchen.

Jule hat in ihrem kleinen Häuschen extra ein Zimmer eingerichtet, in dem Käfige und Glaskästen stehen. In einem davon liegen jetzt ihre Schützlinge. Draußen im Garten ist ein großes Gehege aufgebaut, in dem schon fünf Eichhörnchen wohnen.

„Diese Geschwister hier habe ich von der dritten Woche an aufgezogen", erklärt Jule ihnen, während die jungen Eichhörnchen im Gehege von Ast zu Ast hüpfen. Sie sehen schon genauso aus wie erwachsene Tiere, nur ein bisschen kleiner.

„Wie heißen sie denn?", will Aysha wissen.

Jule sagt: „Ich gebe ihnen keine Namen, damit ich mich nicht zu sehr an sie gewöhne. Jetzt sind sie kurz davor, ausgewildert zu werden. So nennt man das, wenn man Wildtiere wieder in die Freiheit entlässt."

Leon und Aysha schauen sich an. „Darf man das mit den Namen nicht machen?", fragt Leon. „Ehrlich gesagt haben wir uns nämlich schon welche ausgedacht."

Jetzt lacht Jule. „Dann lasst mal hören!"

„Das mit der weißen Schwanzspitze soll Ecki heißen", sagt Leon. „Weil Eichhörnchen doch nicht nur Nüsse und Zapfen, sondern auch Bucheckern gerne fressen."

Er ist ziemlich stolz darauf, sich das ausgedacht zu haben.

Und Aysha sagt schnell: „Und das andere soll Felix heißen."

Jule nickt. „Schöne Namen sind das. Und ihr habt Glück gehabt, denn Ecki ist ein Mädchen und Felix ein Junge. So passen die Namen genau."

Nachdem das geklärt ist, gibt es jede Menge zu tun.

Jule zeigt ihnen, wie man so ein kleines Eichhörnchenbaby richtig füttert. Dafür hat sie ein Pulver, das sich mit Wasser zu einer speziellen Aufzuchtmilch vermischen lässt. Eigentlich ist diese Milch für kleine Katzen gedacht, aber für Eichhörnchen ist sie auch ideal.

Gemeinsam rühren sie ein bisschen warme Milch an und ziehen die Spritzen auf. Dann gibt Jule jedem von ihnen eines der Eichhörnchen in die Hand.

Leon darf Ecki halten. Es ist gar nicht so einfach, die kleinen Pfoten so zu sortieren, dass sie beim Füttern nicht im Wege sind. Ein paar Mal schubst Ecki so kräftig mit den Pfötchen gegen die Spritze, dass sie Leon aus der Hand fällt.

„Das nennt man Milchtritt", erklärt Jule ihnen lächelnd. „Das machen die Jungen, damit beim Muttertier die Milch besser fließt.

Es ist ein Instinkt – deswegen macht Ecki das jetzt auch bei der Spritze."

Nachdem die Babys getrunken haben, hat Jule zwei Waschlappen und warmes Wasser parat. Leon und Aysha müssen die kleinen Schnauzen und das Fell von Milchresten säubern, damit es nicht eintrocknet.

Danach ist wieder Zeit für die Wattepads. Leon traut sich, es bei Ecki zu versuchen. Aber Aysha ekelt sich noch ein bisschen und überlässt das heute lieber noch mal Jule.

Erst dann kommen Ecki und Felix wieder auf die in ein Handtuch eingeschlagene Wärmflasche im Käfig. Leon deckt sie noch vorsichtig mit einem Stück Handtuch zu. So können sie sicher nicht frieren.

Ecki und Felix werden erwachsen

Schon bald sind Ecki und Felix nicht mehr die Kleinsten in Jules Eichhörnchen-Kindergarten. Die Tiere aus dem Außengehege hat Jule inzwischen ausgewildert. Aber es trifft bald Nachschub ein: Aus der Nachbarstadt kommt ein Mann, in dessen Garten ein Baum umgestürzt ist. Im Kobel fand er zwei junge Eichhörnchen, aber die Mutter tauchte nicht mehr auf. Da hat er übers Internet Jules Pflegestelle entdeckt.

Und dann erscheint eines Nachmittags eine Familie, die nicht weniger als sechs Eichhörnchenbabys in einem Katzentransportkorb bringt: zwei dunkelbraune, zwei schwarze und zwei hellrote. Zerknirscht erzählt der Vater, dass ihre Katze offenbar die Mutter der Kleinen erwischt hat.

Leon kann nur staunen. Dass es so viele Gefahren für Eichhörnchen gibt, hätte er nicht gedacht.

Weil Jule mit den Neuzugängen alle Hände voll zu tun hat, ist sie sehr froh, dass Leon und Aysha sich jeden Tag um Ecki und Felix kümmern.

Nach zwei Wochen brauchen Leons und Ayshas Schützlinge die Aufzuchtmilch immer seltener. Dafür fressen sie jetzt auch festes Futter. Und besonders Aysha ist erleichtert, dass die beiden nun Urin und Kot ganz selbstständig absetzen können.

Das bedeutet aber auch, dass ihr Käfig viel öfter gesäubert werden muss.

Als Ecki und Felix ungefähr acht Wochen alt sind, ziehen sie von ihrem kleinen Käfig um in eine große Voliere. Hier hüpfen sie von Ast zu Ast und haben viel Spaß dabei, sich gegenseitig zu jagen.

Am schönsten ist es, wenn sie tagsüber raus ins Außengehege dürfen. Leon und Aysha können gar nicht genug davon bekommen, den beiden bei ihren wilden Spielen zuzusehen.

Bevor sie zum Abendessen nach Hause gehen, ist es ihre Aufgabe, Ecki und Felix in einer kleinen Transportbox wieder ins Haus

zu bringen. So können die Tiere sich erst mal tagsüber an Wind und Wetter gewöhnen. In ein paar Wochen werden sie auch die Nächte draußen verbringen.

Eines Tages passiert etwas Seltsames. Leon hat Ecki gerade mit einer Nuss in die Transportbox gelockt, als Aysha plötzlich hinter ihm quietscht.

„Autsch", macht sie dann und Leon sieht gerade noch, wie Felix forthüpft. „Er hat mich gebissen", sagt Aysha verdattert.

Rasch laufen sie zu Jule, die gerade Aufzuchtmilch für die jüngeren Tiere anrührt. Aysha zeigt ihr die kleine blutende Wunde an ihrem Finger.

„Wieso hat er das gemacht? Ich hab ihm ganz sicher nicht wehgetan", sagt Aysha und ihre Augen füllen sich mit Tränen.

Jule klebt ein Pflaster auf die Wunde und sagt dann: „Es ist nicht deine Schuld. Ihr müsst wissen, dass im Leben von Wildtieren irgendwann der Moment kommt, in dem sie spüren, dass sie keine zahmen Kuscheltiere

mehr sind. Eure beiden Schützlinge sind jetzt etwa acht Wochen alt. Und so sehr sie auch den Körperkontakt am Anfang gebraucht haben, langsam werden sie erwachsen und wollen das nicht mehr. Das müsst ihr respektieren."

Leon und Aysha müssen beide schlucken. Es wird schwer sein, nicht mehr mit ihren kleinen Eichhörnchen kuscheln zu können. Doch dann nicken sie. Schließlich wissen sie, dass Ecki und Felix wilde Tiere sind, die ein Leben in Freiheit brauchen, um glücklich zu sein.

Leon hofft, dass Ecki noch einmal zu ihm kommt, um sich an ihn zu schmiegen. Und zweimal passiert das in den nächsten Tagen auch. Doch dann ist es wohl endgültig vorbei. Ecki und ihr Bruder Felix turnen nur noch wild durchs Gehege und wollen sich nicht mehr streicheln lassen. Obwohl sie noch so klein sind, sind sie nun schon fast erwachsen.

Auf in die Freiheit

Der Sommer fliegt nur so dahin. Die Wochen vergehen viel zu schnell. Und bevor Leon sich versieht, ist der Tag gekommen, an dem Ecki und Felix ausgewildert werden sollen.

Jule hat Leon und Aysha angeboten, es allein zu übernehmen. Aber Leon will unbedingt dabei sein. Und auch Aysha hat tapfer genickt.

Bevor sie an diesem Nachmittag zu Jules Haus laufen, haben die Freunde aber noch eine Aufgabe zu erledigen: Sie gehen von Tür zu Tür und heften mit Klebestreifen einen kopierten Zettel daran.

Darauf hat Aysha in Schönschrift geschrieben:

Liebe Nachbarn!
In unserer Siedlung
leben Eichhörnchen.
Bitte fahren Sie
vorsichtig!

Und weil Leon besser zeichnen kann, hat er darunter noch Ecki und Felix gemalt, die an einer Nuss und einem Zapfen knabbern.

Vielleicht passen alle Autofahrer nun besser auf und es wird nie wieder eine Eichhörnchenmama überfahren.

Als Leon und Aysha bei Jule ankommen, sitzen Ecki und Felix bereits in der Transportbox und knabbern an ein paar Nüssen.

„Wohin bringen wir sie denn?", will Leon wissen. „Sie sollen doch nicht überfahren werden."

„Ich denke, dass der Stadtwald ein guter Ort wäre", antwortet Jule. „Da finden sie ausreichend Nahrung und Artgenossen. Und Autos gibt's da auch nicht so viele. Was meint ihr?"

„Gebongt!", ruft Aysha.

Also fahren sie mit Jules Auto zum Stadtwald. Die Box mit Ecki und Felix steht auf dem Rücksitz zwischen Leon und Aysha. So sind sie ihren beiden Schützlingen ganz nah und können sie noch einmal in Ruhe beobachten.

Als sie schließlich auf dem Waldparkplatz mitten im Forst halten, ist es Leon doch ein bisschen mulmig zumute.

Doch Jule lächelt sie aufmunternd an. „Nur Mut, ihr vier! Der Weg in die Freiheit gehört einfach dazu."

Leon findet es total nett von ihr, dass sie „ihr vier" gesagt hat – so, als würden Ecki und Felix doch irgendwie ein bisschen zu ihnen gehören.

Sie gehen einen Waldweg entlang. Jule sieht sich um. Sie stehen auf einer kleinen Lichtung inmitten von Laubbäumen. „Hier ist ein guter Platz!", sagt sie und setzt die Box ab. Dann schaut sie Leon und Aysha an. „Wollt ihr die Box zusammen aufmachen?"

Leon guckt Aysha an und sie nicken sich entschlossen zu.

Gemeinsam lösen sie den Verschluss der Tür und machen sie auf. Dann setzen sie

sich auf den Waldboden und starren ge-
spannt auf den Eingang.

Zuerst passiert gar nichts. Doch dann
erscheint plötzlich der dunkelrote Kopf von
Felix, der neugierig herausschaut. Mit einem
Sprung hüpft er aus der Box und trippelt
über den weichen Laubboden.

Seine Schwester Ecki folgt ihm langsam.
Die beiden schauen sich um und schnuppern.
Und plötzlich flitzen sie los. Es ist ein Spiel,
wie Leon und Aysha es in Jules Außengehege schon so oft zwischen den beiden
beobachtet haben. Blitzschnell sausen
Ecki und Felix zu einer Eiche und klettern,
immer im Kreis um den Stamm herum, bis
hinauf in die Krone. Dabei keckern sie aufgeregt, weil es ihnen so viel Spaß macht. Von
dort geht es weiter über einen ausladenden
Ast in den nächsten Baum und von dort in
den nächsten und immer so weiter.

Ein paar Sekunden ist noch das Rascheln
von Laub im grünen Blätterdach zu hören.

Dann sind sie fort.

„Viel Glück, ihr zwei!", flüstert Leon leise.

Aysha wischt sich heimlich ein paar
Tränen weg. Doch dann sagt auch sie:
„Viel Glück!"

Ein gelb-grünes Trostpflaster

Traurig schlurfen Aysha und Leon zurück in Leons Wohnung. Mama streicht ihnen beiden über den Kopf.

„Ihr seid wirklich tapfer, ihr zwei. Es gehört schon was dazu, jemanden, den man so lieb gewonnen hat, wieder gehen zu lassen", sagt sie.

Weil sie ihn so gut versteht und ihre Stimme so lieb klingt, brennen Leon plötzlich die Augen. Er blinzelt.

Doch Leons Mama hat gesehen, dass er kurz davor ist zu weinen. Schnell greift sie hinter sich und nimmt einen Umschlag vom Küchentisch. „Schau mal, Leon, was gerade mit der Post für dich gekommen ist", sagt sie.

Leon kriegt große Augen. Er hat Post bekommen? Von wem? Als er in den Umschlag sieht, kann er es kaum fassen. Er zieht ein Fan-Tuch der Eintracht heraus.

Und darauf ist nicht nur die Unterschrift von Tom Tuschner …

„Da hat ja die ganze Mannschaft unterschrieben!", ruft er atemlos. Das gibt's doch nicht!

„Tja … ich habe an den Präsidenten geschrieben und ihm erzählt, dass ein Eichhörnchen dein Tuch geklaut hat und dass du wochenlang dabei geholfen hast, seine Jungen aufzuziehen, als es überfahren wurde. Das fanden die Spieler wohl so toll, dass sie dir das hier schenken wollen."

Leon starrt noch immer ungläubig auf das Tuch.

„Au Mann! Wenn du das nächste Mal mit deinem Papa zu einem Spiel gehst, werden dich alle so was von beneiden!", lacht Aysha.

Doch Leon schüttelt langsam den Kopf.

„Ich glaub, ich nehm das lieber nicht mehr mit raus … Wer weiß, was diesmal damit passiert? Ich hab eine bessere Idee …"
Er dreht sich plötzlich um und rennt in sein Zimmer.

Mama und Aysha folgen ihm neugierig.

Leon springt aufs Bett. Mit Heftzwecken heftet er das nigelnagelneue Fan-Tuch mit den Unterschriften aller Spieler seines Lieblingsvereins an die Wand über dem Kopfende.

Und dann zieht er das alte Tuch aus der Tasche seines Sweatshirts und hängt es daneben. Nachdem Mama es mehrmals gewaschen hat, sieht es jetzt recht blass aus und auch die Unterschrift ist völlig ausgebleicht. Aber Leon streicht kurz mit der Hand darüber. „Das wird mich immer an Ecki und Felix erinnern", sagt er.

Und wie auf Kommando schauen Aysha, Mama und er aus dem Fenster – hinüber in die Kronen der Bäume. Und sie wissen, dass

ihre beiden kleinen Freunde nun irgendwo
da draußen ein echtes Eichhörnchenleben
führen.